LA TRAPPE DE STAOUËLI

In-12 3e Série *bis*.

VUE DE LA TRAPPE DE STAOUELI

LA TRAPPE

DE STAOUËLI

PAR

ALFRED MONBRUN

auteur d'*Une Semaine à la Trappe.*

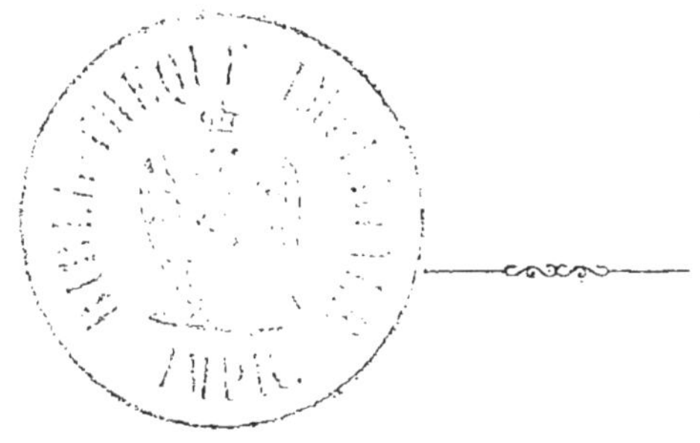

LIBRAIRIE DE J. LEFORT

IMPRIMEUR ÉDITEUR

LILLE
rue Charles de Muyssart, 24

PARIS
rue des Saints-Pères, 30

AU RÉVÉRENDISSIME PÈRE

DOM FRANÇOIS RÉGIS

PROCUREUR GÉNÉRAL DES TRAPPISTES

FONDATEUR ET PREMIER ABBÉ DE STAOUELI

HOMMAGE DE PROFOND RESPECT

A. M.

STAOUËLI

DESCRIPTION DE STAOUËLI

Staouëli [1], province d'Alger, en vieil arabe signifie *Terre des Saints;* ce qui

[1] Staouëli et Sidi-Ferruch sont aujourd'hui deux annexes de la commune de Cheragas.

Sidi-Ferruch était un vieil ermite arabe demeurant à Torre-Chica; il avait gagné à sa religion un capitaine de navire européen, et ils étaient enterrés tous deux dans le marabout depuis quatre cents ans, lorsque S. G. Mgr Pavy, évêque d'Alger, a pris possession de ce local pour y bâtir l'église semble justifier cette dénomination, ce sont les ruines que l'on a découvertes et qui étaient toutes enfouies sous terre. Ce ne sont pas seulement de grandes et belles amphores romaines de la contenance de plus d'un hectolitre, ainsi que des lampes antiques en terre cuite au signe de la croix †, mais les ruines d'une église sur

de Notre-Dame des Victoires; les Arabes ont exhumé leurs deux saints et les ont transportés ailleurs.

A l'extrémité de la presqu'île de Sidi-Ferruch, on a découvert les ruines d'une ancienne église qui avait aussi son baptistère. Dans une des chapelles latérales on a trouvé une mosaïque représentant une panthère dévorant une biche. L'inscription dégradée indiquait le nom de Januarius. Nous avons pensé que cette mosaïque représentait l'allégorie d'un martyr livré aux bêtes féroces. Faute d'argent cette antiquité remarquable n'a pas été soignée; le temps et les visiteurs dégradent ce monument, qui bientôt peut-être aura disparu.

Les ossements trouvés dans les deux tombeaux adjacents ont été recueillis par les RR. PP. Trappistes, et déposés dans leur cimetière, sous le piédestal de la grande croix en fer, autrefois plantée sur la Torre-Chica.

lesquelles on avait construit un *marabout*.

Cette église paraît avoir été incendiée à l'époque des *donatistes* ou des Vandales, qui firent probablement un grand nombre de martyrs dans cet endroit.

Sous une couche de terre de soixante centimètres on a trouvé une autre couche de cendre de trente centimètres; au dessous de la cendre on a découvert une mosaïque de fleurs et d'arabesques formant l'abside de l'église. Les religieux trappistes de Staouëli en ont quelques débris conservés au monastère; le reste était trop endommagé et n'offrait plus aucun intérêt. Auprès de l'abside, on voyait un baptistère; le tout était construit en béton. On y était baptisé par immersion. Le baptistère pouvait avoir un mètre cube.

Les PP. trappistes, en fouillant un sol si riche en souvenirs, ont trouvé aussi des espèces de rainures; on pense qu'elles avaient été employées pour des fortifications romaines; car là où se trouve le cimetière actuel du monastère, était un lieu fortifié. On voit, tout près du cimetière, une citerne de neuf à dix mètres de long sur trois mètres de large avec un reste de voûte dont la solidité est à toute épreuve. Cette citerne était destinée à contenir une provision d'eau. Autour de ce cimetière les PP. trappistes ont encore découvert de très-grosses pierres de taille carrées, posées debout comme des fondations de colonnades, et disposées symétriquement.

Du cimetière de Staouëli, qui se trouve à cent trente-six mètres au-dessus du niveau de la mer, on voit la Bouzaria, Chérogas, Dely-Ibrahim, Ouled-Fayet, St-Ferdinand, le marabout d'Aumale, Moëlma, Douaouda, Zeralda, Fouca-supérieur et Fouca-maritime, enfin Sidi-Ferruch. L'horizon est borné, à l'ouest, par le Zacharet, le Chenouan, deux des plus hautes montagnes de l'Atlas. Au pied du Chenouan on voit encore les ruines de Tipaza, et, en avant, le Klor-el-Roumia, tombeau de la Chrétienne.

Le marabout détruit en 1830, lors de notre glorieuse occupation, servait de loge au gardien d'un cimetière arabe placé à trente pas de là sur un monticule. En l'aplanissant, les religieux trappistes ont découvert un tombeau romain d'une dimension gigantesque; ce tombeau était recouvert d'une énorme pierre sans aucune inscription; il renfermait des restes d'ossements. Les ruines trouvées à l'endroit où est bâti le monastère sont insignifiantes.

Le 14 juin 1830 l'armée française débarqua à Sidi-Ferruch, à l'ouest de cette presqu'île, s'y fortifia et traça immédiatement une route pour conduire à Alger l'artillerie de siége. Cette route était protégée par des redoutes placées sur des mamelons; la redoute n° 1 était disposée entre le lieu où est situé le monastère et Sidi-Ferruch; la redoute n° 2 était précisément sur l'emplacement même du cimetière des PP. trappistes; la redoute n° 3 borne, à l'est, les propriétés du couvent.

En 1852, Son Excellence le maréchal Vaillant, ministre de la guerre, honora de sa visite la communauté de Staouëli. En se promenant dans le cimetière, il raconta qu'en 1830, n'étant alors que capitaine du génie, il avait tracé lui-même le plan de ces redoutes, qu'il avait fait défoncer une partie de la voûte de la citerne, dont nous avons parlé plus haut, pour pratiquer un fossé d'enceinte, et qu'il avait présidé à ces divers travaux, dont il se rappelait les moindres détails.

La bataille de Staouëli, qui décida du sort de la régence d'Alger, eut lieu le 19 juin 1830, dans la plaine, à quatre kilomètres environ de la mer, sur les lieux mêmes où a été construit depuis le monastère de la Trappe [1]. Les Arabes furent battus et

[1] Aujourd'hui encore, les religieux de Staouëli ne peuvent remuer leurs terres, y ouvrir un sillon, sans y découvrir des balles, des biscaïens, des fers de lance, des bombes et des boulets, et sans y mêler leurs sueurs et leurs prières à la

repoussés sur Sidi-Iklef, où fut tué M. Amédée de Bourmont. Après les combats partiels de Sidi-Kalef et de Chapelle-Fontaine, le fort de l'Empereur fut emporté, et la ville d'Alger ouvrit ses portes à notre armée victorieuse dans les premiers jours de juillet.

cendre de nos braves, dont les ossements se rencontrent çà et là presque à la surface du sol.

ORIGINE DE LA TRAPPE DE STAOUËLI

En 1842, la colonisation africaine était, on se le rappelle, la grande préoccupation des esprits politiques. Et vraiment la chose était sérieuse, car sur ce sol barbare et infidèle tout était à créer. Religion, morale, propriété, famille, commerce, agriculture, aucun de ces liens puissants qui rattachent les hommes en société, qui constituent la vie et le bonheur d'un peuple, n'existait d'une manière stable dans ce pays désolé depuis tant de siècles par le sauvage islamisme.

Le gouvernement comprenait toute l'importance de la mission qui lui était confiée; mais, en même temps, il paraissait sentir vivement son impuissance radicale à rien fonder de solide et de durable sans le concours de la religion et du clergé catholique. Une commission de pairs et de députés avait été nommée pour donner son avis sur toutes les questions relatives à la colonisation algérienne. L'un de ses membres, M. de Corcelles, député de l'Orne, après un voyage de trois mois en Afrique, durant lequel il avait accompagné l'armée dans une de ses plus lointaines expéditions, assisté aux divers engagements, visité les villes, les hôpitaux, les établissements placés sous la domination française, afin de s'éclairer sur l'une des plus grandes affaires du pays, avait présenté, à la demande de plusieurs ministres, une note sur la situation de l'Algérie, où on lisait les observations suivantes :

« .... Le clergé me paraît appelé à un grand rôle dans notre colonie. Il a réussi auprès de l'armée, et auprès de beaucoup de colons, de ceux surtout qui viennent de l'Europe méridionale et qu'il est très-heureux de voir se rattacher par ce lien à leur patrie d'adoption. Les Arabes eux-mêmes lui rendent hommage. Je ne connais aucune entreprise patriotique, je ne connais aucune institution durable en ce pays, où ne se trouvent en première ligne l'action du clergé et sa haute mission, l'avantage de ses traditions, de son unité, de son désintéressement et de sa persévérance. Les mœurs de beaucoup de races mêlées, perverties par l'émigration continuelle des vices et des désordres de l'Europe entière, excitées par les abus de la conquête, sont, à mon avis, un des dangers de l'Algérie. Une administration régulière peut réprimer une partie de ce mal, sans doute ; mais elle ne suffira pas si la religion n'étend son influence moralisante sur tant de passions confuses, d'instincts divers et de dérèglements honteux.

» La colonie cessera d'être française, si elle n'est chrétienne. Sous ce rapport, l'introduction d'une congrégation religieuse dans la culture de l'Algérie serait assurément très-salutaire. Les Trappistes, par exemple, apporteraient là une expérience agricole fort précieuse, et, surtout, des exemples de sainteté de nature à émouvoir vivement l'imagination des indigènes, qui, à travers les vices de l'islamisme, ont pourtant un respect particulier pour les hommes revêtus d'un caractère religieux, quelle que soit leur religion, à plus forte raison pour la vie austère et bienfaisante des prêtres catholiques dont la mission serait de les réduire par de telles armes.... [1].

On voit dans ces lignes remarquables que l'Eglise avait pris les devants sur la politique. Toujours à son poste lorsqu'il s'agit du bonheur et de la civilisation des peuples, elle s'était implantée avec la conquête et, par son ministère tout de charité, s'était

[1] Extrait d'une lettre de M. de Corcelles au prieur de la Trappe, du 10 mai 1842.

concilié l'esprit et l'affectien, non-seulement des colons français et étrangers, mais aussi des indigènes. Des prêtres dévoués, des religieux pleins de zèle avaient assumé la tâche ingrate d'assimiler entre eux tous ces éléments hétérogènes, de moraliser par la parole, l'instruction, l'exemple, surtout par les bienfaits, cette population vagabonde qui, forcée d'abandonner les contrées civilisées de l'Europe, par l'espoir de se soustraire à la misère, n'en avait emporté que les vices et le dévergondage des mœurs. Des églises étaient fondées, des écoles élevées, des hôpitaux construits et en pleine activité de service. Ce n'était pas assez. Il fallait encore fixer ces hordes errantes, leur inspirer l'amour du foyer domestique, le goût des jouissances de la famille, assurer leur existence et leur bien-être par l'établissement de la propriété comme encouragement au travail : sans cela on n'avait rien fait. L'agriculture devait opérer ces prodiges. Mais, là encore, la bénédiction de l'Eglise était nécessaire. Tant qu'elle n'avait pas donné l'exemple et vu couronner par le succès son dévouement et son travail persévérant, tous les efforts isolés n'aboutiraient pas et ne feraient que servir de prétexte à la paresse et au découragement.

C'est ce qu'avait très-bien compris M. de Corcelles; mais il n'avait pas été seul frappé par cette idée. Dans le temps même qu'il présentait son mémoire aux ministres, dom Joseph-Marie, abbé de la Trappe et vicaire général de la congrégation, songeait aussi, de son côté, à un établissement en Algérie. Déjà plusieurs personnes l'en avaient sollicité. Pendant tout l'hiver il avait sérieusement étudié la question et préparé ses plans. Avant d'arrêter son projet, il jugeait un voyage en Afrique nécessaire. Il s'en ouvrit à dom Orsise, car il comptait sur sa communauté pour la fondation. Rien pourtant n'était encore arrêté, lorsqu'un entretien avec M. Landmann, curé de Constantine, le décida tout à fait. Instruit par ce dernier des intentions de dom Joseph-Marie, M. de Corcelles en parla au maréchal Soult, président du conseil des ministres, qui accueillit avec faveur cette proposition. Il s'empressa d'écrire au révérendissime abbé de la Trappe.

« Paris, 3 juin 1842.

» Monsieur le supérieur général,

» Par suite du désir que m'en a exprimé, en votre nom, M. de Corcelles, membre de la chambre des députés, je me suis empressé de donner des ordres pour que vous fussiez reçus à bord des bateaux à vapeur chargés de la correspondance entre Marseille et Alger, avec le R. P. abbé d'Aiguebelle qui vous accompagne.

» Je vous adresse ci-joint deux lettres de recommandation destinées l'une à M. le gouverneur général de l'Algérie, ou à l'officier général qui, en son absence, en remplit les fonctions, l'autre à M. le directeur de l'intérieur.

» J'apprendrais avec intérêt que vous eussiez trouvé, dans les colonies, les conditions nécessaires à la prospérité d'un établissement agricole entrepris par des religieux de votre ordre.

» Recevez, etc.

» LE MARÉCHAL DUC DE DALMATIE. »

Les lettres de recommandation, envoyées par le ministre au Révérendissime prouvent le vif intérêt qu'il prenait à cette entreprise. Elles sont aussi un hommage indirect rendu à la religion par un gouvernement, en général peu bienveillant pour elle, mais qui reconnaissait forcément, par le concours qu'il lui demandait en cette occasion, son impuissance absolue à moraliser les hommes et à discipliner leurs passions. C'est à ce titre que nous citons la lettre suivante adressée au directeur général de l'intérieur.

« A MONSIEUR LE DIRECTEUR DE L'INTÉRIEUR
A ALGER.

» Monsieur le directeur,

» Le R. P. Joseph-Marie, supérieur général des Trappistes, qui vous remettra la présente dépêche, se rend en Algérie, accompagné du R. P. abbé d'Aiguebelle, dans le but de visiter le pays et de voir sur quels points ils pourraient fonder un établissement agricole qui serait dirigé par des religieux de leur ordre.

» Je vous invite à faciliter, par tous les

moyens à votre disposition, les explorations qu'ils se disposent de faire sur divers points de l'Algérie. Vous leur ferez assurer aide et protection par les fonctionnaires et agents sous vos ordres, et donnerez tous les renseignements qu'il y aura lieu de leur procurer sur le but particulier de leur voyage. Enfin vous prescrirez toutes les mesures qui vous paraîtront nécessaires pour concourir aux résultats qu'ils se proposent d'obtenir.

» Je leur ai accordé le passage gratuit, à la table du commandant, pour se rendre en Algérie. Vous voudrez bien les faire jouir de la même faveur pour toutes les traversées qu'ils auront à faire, tant pour les divers points du littoral que pour rentrer en France. »

La seconde lettre adressée au gouverneur général était pour le prévenir des ordres donnés au directeur de l'intérieur, le prier de faire assurer aide et protection aux deux voyageurs, et de donner des ordres dans ce sens aux officiers généraux et supérieurs qui commandaient dans les localités que le supérieur général et l'abbé d'Aiguebelle désiraient visiter.

Nous n'entreprendrons pas de dépeindre la joie du saint évêque d'Alger, Mgr Dupuch, à la nouvelle inespérée de cet établissement. Ce n'était pas seulement « en son propre nom, mais plus encore, s'il était possible, au nom de sa pauvre église, qu'il remerciait le maréchal de la bienveillance avec laquelle il avait daigné accueillir les propositions faites par les TT.-RR. Pères et bien-aimés

Abbés de la Trappe. Cette fondation, souhaitée si ardemment par lui depuis le commencement de son épiscopat, lui paraissait extrêmement précieuse à tous égards, et il avait la conviction qu'elle aurait de beaux et de grands résultats. Aussi promettait-il de l'aider de toutes ses forces et par tous les moyens possibles, assuré que, de son côté, le gouvernement du roi le favoriserait autant qu'il serait en lui. » *(Lettre de Mgr Dupuch au ministre de la guerre du 20 juin 1842.)*

Cependant dom Joseph-Marie et dom Orsise, après avoir parcouru successivement les points les plus importants de la colonie, avaient enfin arrêté le choix du futur établissement dans la plaine d'Adjar, à trois lieues de Bône. Cette plaine, d'une admirable fertilité et d'une sécurité parfaite, offrait, de plus, l'avantage de réaliser un projet auquel tenait beaucoup Mgr Dupuch.

Hippone était à peu de distance, et le pieux prélat avait résolu d'y fixer une partie de la colonie nouvelle, en établissant les trappistes gardiens des reliques de saint Augustin et de l'église qu'il avait fait construire en l'honneur du grand docteur dont le siége avait illustré cette ville.

Le R. P. abbé de la Trappe, dès son retour en France, écrivit au ministre de la guerre une lettre datée de Lyon, 14 juillet, pour lui annoncer que son choix s'était fixé sur la plaine d'Adjar, dont il vantait la fertilité et demandait la concession, tandis que l'évêque réclamait, de son côté, la partie d'Hippone connue sous le nom de second mamelon, dans le but avoué d'y placer une partie de la colonie future.

Ce projet fut assez bien accueilli du maréchal. Il eût mieux aimé pourtant que l'établissement se fît dans la province d'Alger même, afin de se combiner avec les autres travaux en voie d'exécution pour la colonisation du Sahel. Mais il reconnut qu'il fallait aux pères de la Trappe une sécurité entière et le voisinage de tribus paisibles, ce qu'ils ne rencontreraient peut-être pas dans le massif d'Alger. Il approuva donc en principe le projet de leur établissement dans les environs de Bône. Il écrivit dans ce sens au gouverneur général et au directeur de l'intérieur, et fit savoir au R. P. Joseph-Marie qu'il devait s'adresser directement à ces fonctionnaires pour toute cette affaire, dont il sanctionnerait la conclusion quand les dispositions préliminaires auraient été prises et quand les propositions définitives lui auraient été présentées. La demande de la concession d'Hippone devait être également adressée à ces deux fonctionnaires, soit par Mgr l'évêque d'Alger, soit par le R. P. Joseph-Marie, ce qui serait peut-être préférable. Dès qu'elle lui aurait été régulièrement soumise, il l'examinerait avec tout l'intérêt qu'il attachait à la réalisation de ce projet.

Néanmoins, soit persistance du ministre dans son premier dessein de faire la fondation près d'Alger, soit empressement de dom Joseph-Marie à répondre à ses désirs, soit plutôt, crainte de manquer le bien qu'il espérait de cette œuvre dans l'intérêt de la religion, la plaine d'Adjar et le territoire d'Hippone furent abandonnés, au grand déplaisir de dom Orsise, qui eût vu avec bonheur le nouveau monastère et ses enfants placés sous la protection de l'un des plus grands patriarches de l'institut monastique.

Cette fâcheuse nouvelle lui fut apportée par une lettre du R. P. Joseph-Marie, du 19 juin 1843, qui lui annonçait que le maréchal Soult, fort mécontent de la conduite du comte Guyot, directeur de l'intérieur, à Alger, et des conditions onéreuses qu'il imposait aux Trappistes pour la concession, avait voulu que l'affaire se traitât à Paris par une commission composée de M. de Corcelles, du duc de Cazes, du général Bellonet et de M. Urtis; qu'un acte avait été dressé qui lui avait paru très-acceptable, bien que le lieu de l'établissement ne fût plus le même. « Mais j'ai observé, ajouta-t-il, que je ne devais rien conclure sans vous consulter. Je viens donc vous demander si vous voulez envoyer une quarantaine de vos religieux en Afrique, à trois lieues d'Alger, dans une plaine fertile, où il y a une entière sécurité, des eaux en abondance et mille chances de succès. La plaine concédée est de 1,020 hectares ; beaucoup de ces terres qui ne font qu'une pièce resteront en prairies et peuvent rapporter au moins pour dix mille francs de foin. Tout le reste de ce qui est cultivable, doit être cultivé ou défriché dans l'espace de dix ans. Après cette époque on commencera à payer l'impôt, et on sera libre d'aliéner alors, si l'on veut, une partie du terrain; mais on pourra toujours, dès à présent, affermer une partie de ces mêmes terres. On doit planter dix mille arbres, en dix ans, sur la propriété de Staouëli; mais cette condition est toute dans l'intérêt des religieux, qui travailleront pour eux, puisqu'ils seront propriétaires. Ils posséderont en commun, comme nous faisons ici, étant liés d'intérêt par un acte de société civile, dont j'ai envoyé le modèle à Paris pour être approuvé par le gouvernement qui me l'a demandé. Je ne puis pas encore vous envoyer ces pièces, que j'attends de jour en jour; mais j'aurais besoin d'avoir de suite les noms de ceux que vous voulez faire signer sur cet acte de société, peu ou beaucoup, n'importe; car la société, ou pour parler monastiquement, la communauté pourra toujours s'adjoindre de nouveaux membres, sans payer aucun droit de mutation, pendant cinquante ans.

» Je n'ai pas besoin, mon cher ami, de vous prouver tous les avantages de cette entreprise, qui est toute dans l'intérêt d'Aiguebelle, de la congrégation et de l'Eglise tout entière. Nous ne pouvons pas reculer sans mécontenter le gouvernement; mais, en nous prêtant à ses désirs, nous assurons notre existence en France....

» Je compte toujours que le P. François Régis sera à la tête de la fondation d'Afrique. Il réussira. »

Cette lettre résume les principales clauses de l'acte de concession, c'est pourquoi nous l'avons citée presque entière. Quelques jours après, le P. François Régis, futur supérieur de la fondation, était appelé à Paris par le R. P. Joseph-Marie pour y être mis au courant de tout, afin d'accepter en connaissance de cause les conditions qui lui étaient faites. Il arriva le 4 juillet, étudia l'acte avec la plus grande attention, et le trouva tel que, s'il eût été libre, il aurait immédiatement pris le parti de retourner à son monastère. Deux articles du traité le choquaient surtout. Le premier était le prêt que faisait le gouvernement d'une somme de soixante-deux mille francs au lieu d'un don pur et simple qu'il avait promis; le second, que ce prêt lui-même, au lieu d'être gratuit, ne se faisait qu'à la condition d'en payer l'intérêt légal. Mais, sur les instances du P. R. Joseph-Marie, de M. de

Corcelles et de M. l'intendant chargé des affaires arabes, il finit par consentir, se laissant persuader que le gouvernement, qui n'avait pas voulu faire un contrat trop avantageux pour ne pas exciter le mécontentement de plusieurs membres de la chambre, se montrerait bienveillant et trouverait d'autres moyens d'aller au secours des colons de Staouëli. Nous sommes heureux de dire que, en général, il tint parole, et que si, parfois, on eut à se plaindre des bureaucrates subalternes de l'administration, on trouva toujours dans l'autorité supérieure, soit civile, soit surtout militaire, une protection franche, une bienveillance efficace.

Après quelques semaines de séjour à l'abbaye de la Trappe, le P. François

Régis, accompagné d'un religieux de ce monastère, et muni de divers plans de constructions, se met en route, s'arrête à Aiguebelle pour prendre de son supérieur ses lettres d'instruction canonique, et s'embarque à Toulon, le 18 août 1843, à bord de l'*Etna*, qui portait M. le commandant Lyadierès, chargé de remettre au général Bugeaud, gouverneur général de l'Algérie, le bâton de maréchal de France. Les circonstances étaient heureuses pour se présenter; mais nos deux colons n'en avaient pas besoin pour être bien reçus. Depuis longtemps leur présence était attendue et désirée sur le sol africain. Déjà M. l'abbé Suchet avait écrit de Bône, le 4 septembre 1842, que tout le monde, les autorités surtout, désiraient et attendaient les PP. Trappistes comme le

Messie, « Ah! venez, venez au plutôt, disait-il : sans vous nous nous consumerons en vain, nous pauvres prêtres, ne pouvant pas entreprendre un travail réservé à des mains comme les vôtres, ni combattre avec vos mêmes armes. »

En effet, les autorités firent à nos deux religieux l'accueil le plus obligeant. Le maréchal Bugeaud, qui, tout d'abord, n'avait pas voulu goûter le projet d'introduire sitôt des colons célibataires, mais qui voulait, pour la colonie, des *gens qui se mariassent*, afin de constituer sur la terre d'Afrique la famille et la propriété, se prononça, néanmoins, franchement en leur faveur, et proclama tout haut que puisque les frères de la Trappe étaient arrivés, il fallait les aider. Le maréchal Bugeaud ne savait pas encore combien plus forts, plus étroits et plus sacrés sont les liens qui rattachent entre eux les divers membres d'une famille religieuse, que les liens naturels, hélas! souvent si fragiles. Il ignorait que le champ spirituel des âmes, que les religieux cultivent par la parole, l'éducation ou l'exemple, chacun selon leur fin, constitue pour eux comme une nouvelle patrie dont l'amour pousse, dans leurs cœurs d'apôtre, des racines bien autrement profondes que cet amour d'ailleurs si fort et si légitime que tout homme ressent pour le lieu de sa naissance, pour le champ fécondé par ses sueurs et son travail. L'expérience le lui apprendra bientôt, et, un jour, il se plaindra auprès du ministre de la France, avec l'énergique expression d'un style tout militaire, qu'on « ne cesse de l'inonder de cabaretiers, de comédiens, de prostituées, et que lorsqu'il demande des religieux, on ne veut pas lui en envoyer. »

PRISE DE POSSESSION

Déjà, pourtant, deux visites avaient été faites au lieu de la fondation par le P. François-Régis, qui avait planté, sur l'emplacement du futur monastère, une croix de bois, coupée sur les ruines d'Hippone. Le 20 août, fête de saint Bernard, on devait prendre possession et commencer les travaux le lendemain.

Plusieurs ecclésiastiques d'Alger, M. le chanoine Daydou, M. Landmann, curé de

Moustapha, et le R. P. Brumauld, de la compagnie de Jésus, supérieur du petit séminaire d'Alger, voulurent être de la fête. Ce dernier s'était chargé de pourvoir aux premiers besoins de la caravane. Il avait amené plusieurs frères coadjuteurs munis de provisions, et, grâce à l'active sollicitude de cet excellent père de famille, tout alla à merveille sous ce rapport.

L'épreuve devait venir d'ailleurs, car on comprend qu'elle ne pouvait manquer au début. On s'était mis en route un peu tard, sous la conduite du R. P. François Régis. Mais, peu familiarisé avec des sentiers mal tracés, il hésite bientôt, et la nuit qui survient achève de l'égarer. N'apercevant alors ni la redoute qui précédait le blockaus où l'on devait camper, ni le blockaus lui-même, on se décide, sur l'avis du R. P. Brumauld, homme d'expérience, à passer la nuit où l'on se trouve, pour ne pas s'exposer à s'éloigner davantage du but et à s'enfoncer dans des ravins profonds et dangereux pour des bêtes de somme.

On bivouaquait donc en plein air, sans feu allumé, de crainte d'une surprise, car le pays n'était pas sûr; les bêtes de charge attachées autour des bagages et les hommes enveloppés dans leurs burnous ou leurs manteaux cherchaient le sommeil, quand, tout à coup, une légion de chacals accourt au pas de charge et paraît vouloir disputer la place aux nouveaux arrivants. Ils s'arrêtèrent pourtant à distance; mais ils poussaient des cris tels, que l'on eût cru entendre plusieurs centaines d'enfants au maillot réclamant le sein de leurs nourrices. Jamais nos voyageurs n'avaient assisté à pareil concert. Au point du jour, on ne tarda pas à se reconnaître; le blockaus fut retrouvé, et, avant le lever du soleil, la petite troupe arrivait à sa destination.

Au milieu d'un plateau, sur le courant d'une source et en face de la modeste croix plantée quelques jours auparavant, s'élevait un antique palmier dont le tronc principal, couronné par une gerbe de superbes palmes, était entouré d'une famille de jeunes rejetons qui le protégeaient pareille à une brillante escorte. C'est en ce lieu que, lors du débarquement de l'armée française, à Sidi-Ferruch, en 1830, l'agha, gendre du dey d'Alger, entouré de son état-major, avait dressé sa tente; et là encore, quelques jours plus tard, s'était livré la fameuse bataille de Staouëli.

Sous les rameaux tutélaires de ce palmier, témoins de nos triomphes, les futurs colons improvisèrent un autel champêtre. La route azurée du ciel lui sert de pavillon; des tronçons de palmes brisées, pittoresques candélabres, supportent les flambeaux. Le R. P. François Régis, après avoir aspergé d'eau bénite et purifié ces lieux souillés par l'infidélité, revêt les ornements sacrés, et, avec le sacrifice de lui-même et de ses futurs compagnons, offre à Dieu, sur la plage déserte, la Victime dont le sang divin doit féconder et rendre méritoires leurs travaux, leurs privations, leurs souffrances et leur mort. Bien simple mais bien touchante dût être cette cérémonie, à laquelle six prêtres, quelques laïques zélés et un petit groupe de chrétiens catholiques, seuls, assistaient un humble religieux trappiste! Quelle joie inondait le cœur de ce religieux, disciple de saint Benoît, fils de saint Bernard et de saint Etienne, à la pensée, que pour la première fois il déployait l'étendard de son ordre sur la terre africaine, la seule du globe, peut-être, qui n'eût point été abritée sous ses plis régénérateurs! Sans doute son visage était devenu rayonnant, et son regard reflétait les sentiments intimes de son cœur, puisque les ecclésiastiques qui l'entouraient à l'autel, sous le poids eux-mêmes de la plus vive émotion, n'eurent pas d'autres paroles à lui adresser en l'abordant : « Ah! mon père, que vous êtes heureux! »

Après la messe, tous les assistants, assis en cercle sur un tapis de verdure, entre les deux fontaines, prirent part à la fraternelle agape préparée par le R. P. Brumauld. Le repas n'était pas terminé, que l'on vit arriver la petite armée de travailleurs : sept sapeurs, cinquante condamnés militaires, quelques surveillants, et, derrière eux, plusieurs voitures chargées des objets nécessaires au campement et les outils indispensables. La journée se passa à dresser les tentes, et l'on ne commença les travaux que le lendemain. Deux heures avant le jour, le R. P. François Régis s'était réveillé tout à coup, sentant sur le front comme l'impression d'un cachet aussi froid que la glace. Il y porte la main à moitié endormi, et il sent ce cachet se détacher avec lenteur, puis quelque chose de lourd tomber sur ses vêtements. Il jette un cri, se lève, appelle, et l'on découvre avec horreur un énorme crapaud qui cherchait à se dérober à l'éclat du flambeau que l'on venait d'apporter. Au moyen-âge, à cette époque de poésie religieuse, où chaque objet revêtait un symbole, où les faits, les accidents, reflets de la vie surnaturelle, à laquelle se rapportaient toutes les pensées, touts les aspirations de ces temps de foi, empruntaient pour se traduire la forme merveilleuse de la légende, gracieuse et terrible, selon les circonstances, nos pères n'auraient pas manqué de voir dans cette hideuse apparition la figure de démon qui, jaloux du bien qu'allait opérer l'œuvre naissante et du tort qu'elle causerait à son empire, s'efforçait de l'entraver par tous les moyens en son pouvoir.

Les travaux marchèrent rapidement; le 14 septembre 1843, on put procéder à à la pose de la première pierre. Ce fut une fête solennelle. Toutes les autorités ecclésiastiques, militaires et civils se firent un devoir d'assister à cette inauguration monastique, présidée par Mgr Dupuch, évêque d'Alger, le maréchal Bugeaud, gouverneur général de l'Algérie, et M. Guyot, directeur de l'intérieur.

Dans l'enceinte tracée pour le cloître futur, au milieu des fondations déjà creusées, les Pères avaient dressé un autel protégé contre les ardeurs du soleil par une tenture de myrtes et de lauriers-roses. Après un magnifique discours de Mgr l'évêque et la messe pontificalement célébrée par lui, les principaux personnages de l'assemblée se rendirent, par une rampe en amphithéâtre, au lieu où devait être placée la première pierre.

Là, sur un pan de mur construit à cet effet, était assis un lit de boulets, reliques de la bataille de Staouëli, recueillis par les ouvriers dans la plaine, et, tout auprès, la pierre d'assise, symbole de la paix civilisatrice succédant à la conquête meurtrière. Ce fut à cette cérémonie, sans doute, et lorsqu'il reçut la truelle des mains du R. P. supérieur, que le maréchal Bugeaud eut la première inspiration de cette belle parole, qu'il écrivit plus tard et qui fut le sujet de tant de commentaires : « L'épée d'abord, la croix ensuite. » Belle parole, disons-nous, non point en ce sens que l'épée soit nécessaire aux conquêtes de la croix, mais parce que la croix est nécessaire pour consolider la conquête de l'épée et guérir les plaies qu'elle a faites.

Lorsque la pierrre fut assise, Mgr l'évêque, le gouverneur général et tous les autres assistants, à leur tour et selon leur rang, vinrent l'affermir d'un vigoureux coup de maillet, avec un enthousiasme tel que le colonel Marengo, ayant rencontré, sous le coup, la large manche du révérend père, emporta le morceau.

Le colonel Marengo était un des amis les plus ardents des colons de Staouëli[1]. Infatigable dans son dévouement, il leur a

[1] Le colonel Marengo repose au milieu de ses amis de la Trappe. On a élevé sur sa tombe un petit monument en

rendu d'importants services. Du reste, les protecteurs de la colonisation religieuse étaient nombreux à Alger comme à Paris, Nous ne pouvons les signaler tous ici, bien que leurs noms et leurs bienfaits demeurent à jamais gravés au cœur des Trappistes de Staouëli et inscrits dans leurs archives. Toutefois, nous ne pouvons passer ici sous silence le colonel Eynard, aide-de-camp du maréchal Bugeaud, et M. le vicomte de Villiers-du-Terrage, qui, avec M. de Corcelles, défendit vigoureusement auprès du ministre les intérêts de la fondation gravement compromis à la chambre par les attaques de quelques membres. Dès le début de la fondation, l'illustre gouverneur faisait part à

marbre, sur lequel sont inscrits les noms des principales batailles auxquelles il a assisté et ceux des villages qu'il a fondés.

dom Joseph-Marie de ses intentions bienveillantes.

« Monsieur l'abbé, lui écrivait-il le 27 août 1843, vous avez raison de compter sur l'appui que je me fais un vrai bonheur d'accorder à l'établissement de vos frères en Algérie. Mon opinion est que la colonisation ne peut réussir que par des populations organisées militairement. Or rien ne se rapproche plus de l'organisation militaire que l'organisation religieuse. Le moine et le soldat ont de grands rapports l'un et l'autre; ils sont soumis à une discipline sévère, accoutumés à supporter les privations et à obéir passivement; ils travaillent l'un et l'autre pour la communauté, et ils sont dirigés par une seule volonté.

» Aussi je suis persuadé que votre établissement prospérera. L'exemple de vos vertus, l'exercice de vos bonnes œuvres, et surtout votre charité tolérante, s'étendant à tous sans distinction de classe ni religion, servira, j'en suis certain, à vous gagner le cœur des Arabes que nous avons soumis par la force de nos armes.

» J'ai donc donné des ordres pour que l'on mît à la disposition de vos frères cinquante condamnés militaires habitués au travail, et quelques officiers du génie capables de diriger l'installation. Quoique ce secours n'ait pas été stipulé dans les conditions (et il ne laisse pas d'être égal au moins à la subvention de soixante-deux mille francs demandée par vous et accordée par le gouvernement), je l'ai cru nécessaire pour aider à vaincre les premières difficultés et pour attendre l'arrivée de vos frères en nombre suffisant pour trouver en eux-mêmes les moyens de faire prospérer cet important établissement.

» Mon concours et ma protection ne manqueront jamais.

» Recevez, etc.,

» Bugeaud. »

Le maréchal tint loyalement et largement sa parole; et, grâce à ses généreux secours, le R. P. François Régis put adresser au directeur général de l'intérieur un rapport satisfaisant, en réponse à une dépêche ministérielle du 5 avril 1844, dans laquelle on demandait quels étaient :

1° Les constructions faites et celles qui restaient à faire;

2° La quantité d'hectares défrichés;

3° Le nombre d'hectares nettoyés et convertis en prairies;

4° La quantité d'hectares ensemencés en céréales;

5° Le nombre de ceux convertis en terres à jardin;

6° La quantité et l'essence des arbres plantés;

7° Le nombre et la nature des bestiaux appartenant à l'exploitation.

8° La population de Staouëli, religieux et autres.

Il y avait sept mois à peine que les Trappistes avaient débarqué à Alger. Comme on le voit, le ministre était pressé. Les réponses furent pourtant plus satisfaisantes qu'il ne devait naturellement s'y attendre. Le R. P. supérieur écrivait :

« Monsieur le directeur, vous avez eu la bonté de me communiquer une lettre de M. le ministre de la guerre par laquelle Son Excellence vous demande un rapport sur les travaux d'installation et de culture. Vous voulez bien me consulter pour savoir ce que vous avez à répondre. Je vous remercie de votre bienveillante attention. Voici ce que je crois devoir vous dire de plus précis et de plus complet :

» 1° Nos bâtiments d'exploitation sont élevés sur un plan parfaitement carré. Le milieu formera un préau ou cour intérieure. Les quatres façades sont égales. Déjà deux ailes sont en voie de recevoir la toiture ;

la troisième est construite jusqu'au premier étage; les fondements de la quatrième sont jetés. D'après les calculs les plus approximatifs, l'établissement est à moitié fait. La maçonnerie est toute simple, sans aucun luxe, mais solide.

» 2° Soixante hectares sont déjà débarrassés de leurs palmiers-nains et mis en culture;

» 3° Vingt sont nettoyés et convertis en prairies;

» 4° Quarante-cinq hectares sont ensemencés en céréales, blé, orge, pommes de terre, légumes;

» 5° Six hectares sont convertis en terre à jardin.

» 6° Deux mille cinq cents arbres ont été plantés. Il y a, dans le nombre : douze ceuts mûriers, trois cents peupliers d'Italie, trois cents arbres de pur agrément, sept cents arbres fruitiers, poiriers, pommiers, amandiers, abricotiers, pruniers, cerisiers, noyers, orangers, oliviers, figuiers, un commencement de vigne.

» 7° La ferme compte quinze paires de bœufs de labour formés, de jeunes élèves et quelques vaches. Elle nourrit, de plus, un petit troupeau de moutons et quelques chevaux.

» 8° La population de Staouëli se compose d'un personnel de quarante-trois religieux, une vingtaine de colons auxiliaires, et environ cent ouvriers.

» Il n'est peut-être pas inutile d'ajouter que nous exploitons une jolie carrière de pierres de taille; nous fabriquons la chaux; nous commençons un établissement pour faire des briques et de la tuile. Si vous nous continuez votre bienveillance, M. le directeur, j'espère en peu de temps vous offrir un état encore plus satisfaisant et plus digne de la vive sollicitude que vous portez aux véritables progrès de la colonie.

» Je vous prie de vouloir bien agréer etc.

» F. François-Régis,
prieur de Staouëli. »

Ces résultats étaient beaux, sans doute, mais ils étaient le prix de bien des souffrances et de cruelles privations. Les religieux étaient à peu près sans logement. Groupés comme ils pouvaient, sous des baraques de planches qui ne les défendaient ni contre la rigueur du froid de la nuit, ni contre les ardeurs du soleil africain, ils vivaient pêle-mêle avec les soldats envoyés à leur aide et au milieu du bétail que l'on n'avait pu caser sous de meilleurs abris. A la privation de sommeil causée par les cris des animaux, se joignait le régime alimentaire de la Trappe fort peu substantiel, en sorte que les forces épuisées suffisaient à peine aux travaux. Aussi l'été de l'année 1844 fut terrible. Les pluies du printemps avaient été longues et torrentielles, et l'horizon presque toujours obscurci par les brouillards. Les chaleurs, arrivant subitement, développèrent des vapeurs, dont les funestes effets, augmentés par les miasmes toujours dangereux qui se dégagent d'un sol mis en culture pour la première fois, se firent sentir d'abord sur les récoltes et puis sur la santé des hommes. Des fièvres se déclarèrent qui atteignirent à peu près tout le monde, et auxquelles succombèrent, dans l'espace de quelques mois, dix religieux et plus d'une vingtaine de soldats qui moururent à l'hopital où ils avaient été transportés.

Le R. P., qui arriva de France sur ces entrefaites avec un renfort d'hommes et d'argent, ranima les courages, et l'on reprit avec une ardeur nouvelle les travaux un instant ralentis par le découragement et l'impuissance. L'église provisoire, élevée et bénie dès le mois de mai 1844, fut solennellement consacrée par Mgr l'évêque d'Alger le 30 août suivant. Dès lors, les exercices monastiques prirent un cours régulier : l'état matériel s'améliorant peu à peu, les esprits s'en ressentirent. Moins absorbés par les occupations du dehors, ils s'adonnèrent davantage aux travaux de la vie intérieure; la ferveur se réveilla, et la maison offrit bientôt le consolant aspect d'un véritable monastère.

Désormais la fondation était faite; elle paraissait assise sur des bases solides. Pour l'affermir encore, pour encourager les religieux dans leur sainte entreprise et les exciter à attendre la perfection de leur état, S. S. le Souverain Pontife Grégoire XVI, à la prière du révérendissime dom Joseph-Marie, daigna ériger le nouveau monastère en abbaye, par un décret du 9 janvier 1846. Le 11 juillet suivant, le lendemain même de son arrivée à Alger et de la prise de possession de son siége, Mgr Pavy, successeur de Mgr Dupuch, apportait le décret d'érection à Staouëli, et le publiait en présence de M. le comte de Salvandy, ministre de l'intruction publique et grand maître de l'Université; de MM. Victor Fouché, directeur général des affaires civils d'Alger ; de Bar, lieutenant-général; de Tartas, maréchal de camp, et de plusieurs autres personnages distingués. Trois mois plus tard, la communauté se réunissait sous la présidence de dom Orsise, et élisait dom François Régis, pour abbé perpétuel du monastère de Notre-Dame de Staouëli. C'était le 28 octobre 1848. Le même jour, Sa Grandeur Mgr l'évêque d'Alger daignait apposer, au bas du procès-verbal de l'élection, cette approbation flatteuse pour le nouvel élu, et récompense légitime des peines qu'il s'était données pour l'accomplissement de sa mission.

« Nous croyons et attestons que cette » élection sera très-agréable à Dieu, très-» salutaire aux frères, pour l'honneur de » l'Eglise d'Afrique, l'honneur et la con-» solation de notre épiscopat. C'est pour-» quoi, autant qu'il est en nous, nous » l'approuvons d'esprit, de cœur et par » l'apposition de notre sceau.

» Alger, le 28 octobre 1846.

» † Louis-Ant.-Aug. Pavy,
évêque d'Alger. »

De pénibles épreuves attendaient encore

dom François-Régis. Leur récit n'appartient plus à notre sujet. Qu'il nous suffise de dire qu'il fut toujours à leur hauteur et les subit avec courage.

ÉTAT ACTUEL DE N.-D. DE STAOUËLI

La propriété de la Trappe de Staouëli est située à 17 kilomètres d'Alger, sur la route de cette ville à Koleah; elle est bornée, au nord par la mer, au sud par Ouled-Fayet et Saint-Ferdinand, à l'est par Guyotville et Chesagar, à l'ouest par la Bridja et le nouveau village de Staouëli, qui la sépare de Sidi-Ferruch.

On y cultive avec avantage le blé, l'orge, le maïs, l'avoine, la pomme de terre, la patate douce, l'igname, le sergho, la betterave, le chou-cavalier, l'artichaud et autres légumes de toute sorte, en grande quantité. Les principales cultures sont le blé, la vigne et le géranium[1]; cette dernière culture a remplacé celle du tabac. Les arbres fruitiers qui y réussissent le mieux sont l'oranger, le citronnier, le néflier du Japon, le cognassier, le grenadier, l'abricotier, l'amandier; l'olivier surtout y pousse avec une force de végétation prodigieuse; il en est de même du mûrier, du karoubier et du plaqueminier; le poirier et le pommier, au contraire, y viennent moins bien qu'en

[1] Les feuilles de géranium ne sont pas un luxe pour les Trappistes; elles sont, au contraire, la base de l'une des branches les plus lucratives de leur exploitation. Dans l'intervalle de leurs prières et lorsque le temps le permet, les religieux fabriquent de l'essence de géranium, et leurs pieux alambics alimentent les parfumeries de la capitale.

France. Le lin, le colza, la sésame et les autres plantes oléagineuses y réussissent à merveille; des essais de coton y ont pareillement donné un résultat satisfaisant.

Toute la propriété est divisée en plusieurs lots et circonscriptions de terrain, portant des noms spéciaux rappelant un fait, ressortant de la configuration des lieux ou exprimant la reconnaissance des pères. Ainsi, c'est *la porte de France*, *le Camp*, *le champ de la Bataille*, *le champ de la Victoire*, *le champ de la Paix;* c'est *l'avenue Bugeaud*, *l'avenue Dupuch*, *l'avenue Marengo*, *le pavillon Pavy*, *le quartier Saint-Régis*; c'est *le jardin Sainte-Marie*, *l'orangerie de l'Immaculée-Conception*, *la ferme Saint-Joseph*, *la ferme Saint-Bernard*, *la ferme de Belle-*

Fontaine, *Aiguebelle*, *la Melleraie* et les noms de toutes les trappes de France, *le Sahara*, *le désert de Nitrie*, *le pas de la Panthère*, *le champ des Chacals*, *le champ des Mokseus*, *les marais Pontins*, *Saint-Augustin*, etc. C'est encore pour la vigne, *la Côte d'or*, *la Côte rôtie*, *l'Hermitage*, *le champ des Boulets*, *Saint-Benoît*, *le champ des Zéphirs*.

Staouëli a aujourd'hui son monastère, ses cloîtres, sa chapelle, son hôtellerie, sa ferme, ses granges, ses étables, ses murs d'enceinte, ses ateliers et ses hangars spacieux pour sa machine à battre et ses instruments aratoires. Sur 1,100 hectares dont se composent la propriété, 560 sont défrichés, 100 le seront encore. Le reste, n'étant pas susceptible de culture, sera successivement planté d'arbres d'essence forestière et abandonné en partie à la pâture. Déjà plusieurs hectares de ces terrains incultes et rocailleux ont été plantés depuis d'arbres de haute futaie qui promettent les meilleurs bois de constructions. Chaque année, près de 20 hectares sont débarrassés de leurs broussailles et de leurs palmiers nains, au coût de 500 francs l'hectare, nonobstant les autres travaux.

Des 560 hectares défrichés, 150 sont actuellement ensemencés de céréales ; 50 sont plantés de vignes, 10 de géraniums ; le reste est laissé en prairies ou affecté aux cultures spéciales, s'il n'est occupé par les jardins, les vergers, et par cinq orangeries donnant actuellement près de 160,000 oranges, bien que les arbres soient encore jeunes et loin d'être en plein rapport. D'autres travaux importants ont été également exécutés. Trois fermes ont été créées sur divers points de la propriété ; de nombreuses voies d'exploitation ont été ouvertes, bordées de karoubiers, de platanes, de mûriers, d'oliviers, et munies de haies de cactus ou d'aloès ; des abris de cyprès, de roseaux et de bambous se sont élevés pour protéger les cultures délicates contre l'action du vent de mer. Des marais ont été desséchés ; des eaux croupies et malsaines ont été amenées de loin, au moyen de profondes tranchées et de canaux recouverts, dans de vastes réservoirs, et sont dirigées de là dans de nouveaux jardins, pépinières et potagers. Quatre grands bassins et autant de puits Noria ont été creusés et construits à la même fin. Un de ces bassins, de la capacité de 390 mètres cubes, est alimenté par des eaux prises à 500 mètres de là et provenant d'une ancienne fontaine romaine de construction singulière. C'est une espèce de citerne d'environ 3 mètres de profondeur et dans laquelle on descend par des escaliers à peine conservés.

L'eau y arrive de différents endroits par plusieurs sources. A côté de la citerne, on a trouvé, près l'un de l'autre, deux conduits perpendiculaires en maçonnerie, de la forme de cheminées, venant de dessous terre, et desquels sort une eau dont la température est seulement de 15°, tandis que celle qui arrive directement dans la citerne en a 19. Ces eaux, restées jusque-là sans issue, formaient un marécage dangereux, qui leur avait fait donner par les Arabes le nom trop significatif de *fontaine de la mort*. D'autres eaux, perdues dans un grand ravin, sont en voie d'être amenées dans le même bassin-réservoir, au moyen d'une tranchée de 600 mètres de long sur 3 à 4 mètres de profondeur.

Le drainage, pratiqué avec avantage sur plusieurs points de la propriété, a encore ajouté à cette somme d'eau si précieuse en Afrique et si rare tout d'abord à Staouëli : aussi, pour utiliser ce trésor et n'en rien perdre, les Pères ont-ils sillonné tous leurs jardins, leurs orangeries, et les champs réservés aux cultures spéciales, de nombreux canaux d'irrigation en maçonnerie.

Les Trappistes se sont rappelé ce qu'était

Staouëli en 1843, un désert aride et couvert d'épaisses broussailles, qui en faisaient le repaire naturel de l'hyène, de la panthère, du chacal et de quantité d'autres bêtes fauves, et aussi un foyer de fièvre.

Les frais d'installation, les maladies des premiers temps, les bâtisses, les travaux d'assainissement, l'extraction du palmier nain et les nombreuses misères auxquelles il a fallu subvenir, font que le monastère, malgré toutes ses apparences de prospérité et la sage administration de ses supérieurs, a été et sera encore longtemps dans un état de gêne qui n'est rien moins que la richesse qu'on lui suppose généralement. C'est ce qui l'a empêché jusqu'ici et ne lui permettra pas de sitôt de se donner une église définitive en remplacement de sa chapelle provisoire. Aux alentours du monastère se trouvent les fermes et les ateliers.

Les Trappistes ont un bétail remarquable; ils ont fait venir de belles vaches de divers pays, qui donnent jusqu'à seize litres de lait par jour. Ils vendent aux colons leurs génisses, pour remplacer les vaches indigènes, dont le produit atteint à peine celui d'une chèvre maltaise.

On classe aux boucheries d'Alger la viande de Staouëli comme de première qualité.

Leurs troupeaux se composent de 115 têtes de gros bétail (bœufs, vaches, génisses), de 400 moutons mérinos et d'autant de porcs, de 16 chevaux ou mulets, et d'un petit troupeau de chèvres d'Angora donnant le cachemire. Non loin du monastère se trouve une vaste garenne où l'on élève une quantité de lapins, une grande basse-cour pour la volaille, et un rucher qui compte plus de 200 ruches.

Leurs ateliers comprennent : forge, ferblanterie, charronnage, menuiserie, pharmacie avec alambic pour la distillation des plantes pharmaceutiques, tannerie, bourrellerie, cordonnerie, reliure, buanderie, boulangerie, laiterie, fromagerie, magnanerie, photographie, distillerie de neuf alambics pour les essences et les alcools, tonnellerie et trois caves, dont une voutée avec grenier au-dessus, de 65 mètres de long, sur 12 mètres de large, recevant actuellement 2,000 hectolitres de vin blanc et rouge, produit de 50 hectares de vignes, dont les deux tiers en plein rapport.

Les pères possèdent deux fours à chaux, un four à briques, plusieurs carrières de belles pierres de taille et de moëllons; il y a aussi des pierres calcaires et une espèce de pouzzolane qui sert pour le mortier et le rend propre à certaine constructions hydrauliques. Le bois de charpente manque totalement; on le fait venir de Suède, de Norwège et de Russie.

On ne peut que difficilement se faire une idée de l'ardente et patiente activité déployée chaque jour et en toute saison par les religieux trappistes. Laboureurs, moissonneurs, batteurs en grange, bouviers, charrons, forgerons, menuisiers, tous se mettent vaillamment à l'œuvre, depuis le père abbé jusqu'au frère le plus humble.

Tous les métiers nécessaires à l'agriculture comptent, à la Trappe de Staouëli, de nombreux et intelligents représentants. La terre, qui ne fut d'abord pour tous qu'un désert malsain et inhospitalier, s'est peu à peu métamorphosée en une terre fertile et magnifique, sous les efforts pénibles et constants de ces intelligents et intrépides agriculteurs. Des terrains incultes, couverts de plantes parasites, se sont rapidement transformés en terres labourables, en prairies verdoyantes, en potagers admirables, en vergers superbes, en jardins magnifiques.

Honneur donc et gloire au courage persévérant de ces hommes de Dieu, qui, surmontant tous les genres d'épreuves, et au mépris des dangers sans nombre qui n'ont cessé de les assaillir de toutes parts, pendant longtemps, ont su vaincre tous les obstacles qui leur étaient opposés, et sont devenus ainsi les premiers pionniers de notre colonisation africaine.

L'EMPEREUR A LA TRAPPE

Le 3 mai 1865, Napoléon III, empereur des Français, débarquait à Alger.

Le 4, au matin, la première visite de Sa Majesté était pour la Trappe de Staouëli.

Avertis, dès la veille de la visite de l'Empereur, les PP. Trappistes s'étaient empressés de faire les préparatifs de la réception. En quelques heures, la grande avenue avait été garnie d'orangers en fleurs, de lauriers-roses, de géraniums et de palmes. Des guirlandes de fleurs couraient à travers les feuillages des arbres, et deux arcs de triomphe s'élevaient, l'un sur l'allée extérieure, et l'autre à l'entrée du monastère, dont la façade était déjà pavoisée de drapeaux aux couleurs nationales. Une plantation de lauriers était simulée à droite et à gauche de la route, et tout le chemin que devait parcourir Sa Majesté jusqu'à l'église, était tapissé de verdure, de géraniums et d'autres plantes aromatiques, exhalant leurs parfums, dont l'air était tout embaumé.

A une heure, les cloches mises en branle annonçaient aux religieux que la voiture impériale était en vue.

Aussitôt les Trappistes, ayant à leur tête le R. P. dom Marie Augustin, abbé de

Staouëli, revêtu de ses ornements, crosse en main et mître en tête, vinrent se ranger dans la cour sur deux lignes, près de la porte d'entrée [1]. Mgr Pavy, évêque d'Alger, qui était arrivé dès le matin, alla recevoir Sa Majesté à la portière de sa voiture, et la conduisit sur le péristyle, qui était orné de guirlandes et de fleurs.

Après avoir offert à l'Empereur l'eau bénite et l'encens, le R. P. abbé adressa à Sa Majesté le discours suivant :

« Sire,

» Votre auguste présence produit sur l'Algérie les mêmes effets qu'opère actuelle-

[1] Le R. P. abbé avait à ses côtés le R. P. dom Gabriel, abbé d'Aiguebelle (Drôme) et père immédiat de Staouëli.

ment le soleil sur toute la nature. Partout où Votre Majesté se montre, elle ranime, réjouit, fortifie et rassure tous les colons dans l'œuvre pénible qu'ils ont entreprise. Votre Majesté, dans son extrême bonté, n'a pas voulu que la Trappe de Staouëli fût privée de la faveur de cette inappréciable visite.

» Sire, soyez-en béni mille fois. Par là, vous mettez le comble à tous les bienfaits que ce monastère a déjà reçus de votre gouvernement.

» Cette faveur insigne restera à jamais gravée dans le cœur de ses habitants. Ils rediront à leurs successeurs : « Le 4 mai » 1865, l'Empereur Napoléon III est » venu prier sur les dalles de notre sanc- » tuaire, a parcouru notre cloître, nos

» jardins et nos champs ; a daigné nous » adresser quelques paroles d'encourage- » ment, et peut-être de satisfaction, de voir » ainsi transformé le premier théâtre de la » bravoure française en Algérie. »

» Avec quelle ardeur nouvelle allons-nous poursuivre nos améliorations et nos travaux agricoles ! quelle ne sera pas notre ferveur à prier pour la prospérité et la longue durée de votre règne, pour notre auguste et gracieuse Impératrice, pour le Prince impérial, l'espoir de la France et de la religion.

» Enfin, comme toutes les gloires et les couronnes de ce monde ne sont rien si l'on vient à perdre son âme, nous ferons aussi les vœux les plus ardents pour que, dans le ciel, vous soyez aussi grand que vous aurez été puissant et illustre sur la terre. »

L'Empereur répondit avec une grande bienveillance « qu'il était touché de ces bonnes paroles; qu'il n'aurait pas voulu passer en Algérie sans visiter Staouëli et remercier les PP. de la Trappe d'avoir ainsi transformé ce glorieux champ de bataille et d'y avoir fondé un établissement qui a toutes ses sympathies et auquel il porte le plus vif intérêt. »

Sa Majesté fut ensuite conduite processionnellement à l'église, au chant du *Te Deum*. Elle ne consentit qu'après de vives instances à marcher sous le dais qu'on lui avait préparé.

Durant cette procession, l'Empereur remarqua à sa gauche un groupe d'indigènes, ayant une tenue de travail uniforme, et accompagnés de quelques militaires. Il demanda quels étaient ces hommes : on lui répondit que c'étaient de malheureux Arabes prisonniers de la maison centrale de l'Harrach, à qui on faisait subir leur peine en les initiant aux travaux agricoles, au lieu de les laisser se corrompre dans les prisons. Sa Majesté parut satisfaite.

Au sortir de l'église, l'Empereur, introduit dans la salle du chapitre, où les religieux étaient déjà réunis, s'informa avec beaucoup de bonté du nombre des membres de la communauté. Ce n'est pas sans quelque étonnement qu'il apprit qu'il y avait un certain nombre d'anciens militaires dont au moins une douzaine ayant appartenu à la garde impériale. Le général Fleury lui présenta un de ses anciens guides, du nom et de la descendance de Godefroy de Bouillon, que, le matin même, il avait reconnu dans le frère commissionnaire qu'il avait rencontré à Alger. L'Empereur lui dit quelques bonnes paroles et, entre autres choses, lui demanda s'il était content à la Trappe. — Très-content, Sire, répondit l'ancien guide. L'Emperenr parut surpris. Il l'eût été bien plus si le matin même il eût entendu la conversation de cet ex-guide avec son ancien colonel, le général Fleury. « Comment, lui disait celui-ci, vous est venue l'idée d'entrer à la Trappe? Je ne me serais jamais douté que du régiment des guides on passât dans le cloître. Ce n'est certainement pas moi qui vous ai inspiré cette vocation. — Je vous démande pardon, mon général, c'est vous qui me l'avez donnée. — Comment, moi! et comment cela? — Vous m'avez si bien appris à obéir que la discipline du cloître ne m'a pas paru au-dessus de mes forces. » Le brave général riait de bon cœur d'avoir ainsi été, sans s'en douter, un aussi bon maître des novices.

L'Empereur a continué sa visite en se rendant au réfectoire, où on lui a présenté les mets de la communauté : c'était ce jour-là du riz et une soupe au sel et à l'eau. Le Père abbé fit observer à Sa Majesté que, bien que ces mets ne fussent pas assaisonnés, ils ne laissaient pourtant pas d'être toujours trouvés bons, parce qu'ils sont préparés avec beaucoup de soins par deux grands cuisiniers : le jeûne et le travail.

Du réfectoire, l'Empereur est monté au dortoir, d'où, après avoir palpé de la main la dureté des couches, Sa Majesté a vu une partie des cultures, des vignes, des jardins et des orangeries, l'étendue du mur d'enceinte, le champ de bataille de 1830, l'emplacement du camp de Staouëli et la redoute qui le domine, aujourd'hui converti en cimetière, l'œil s'étendant de là jusqu'à la mer et jusqu'à Sidi-Ferruch, point du débarquement.

M. le maréchal de Mac-Mahon, qui avait assisté au débarquement de 1830, comme lieutenant, en fit le récit à Sa Majesté, en lui montrant, de ce point où l'on domine toute la plaine à plusieurs kilomètres à la ronde, l'emplacement des camps français et turco-algériens, et, au-delà, le champ de bataille de Staouëli.

En même temps un officier général de la marine, qui de son côté avait concouru au même débarquement, expliquait les opérations de la flotte. Cette narration, faite à l'Empereur par des témoins oculaires qui avaient payé de leur personne et sur un terrain qui a subi si peu de changement depuis cette époque, avait un grand intérêt pour tous les assistants.

Le maréchal de Mac-Mahon profita de la circonstance pour citer à Sa Majesté l'inscription qui se trouve au-dessus de la porte d'entrée du fort de Sidi-Ferruch.

Voici cette inscription :

Ici
le 14 juin 1830
par l'ordre du roi Charles X
sous le commandement du général de Bourmont
l'armée française
vint arborer ses drapeaux
rendre la liberté aux mers
donner l'Algérie à la France.

L'Empereur s'est ensuite rendu dans les appartements de Monseigneur, où il a pu voir parmi plusieurs autres tableaux une copie assez fidèle du *Zouave trappiste* par Horace Vernet, et un portrait de Pie IX, œuvre d'un frère convers de la Trappe d'Aiguelle.

Des appartements de Monseigneur, l'Empereur est passé dans le cabinet du R. P. abbé; là, on lui a montré le magnifique bureau sur lequel avait été signé (1830) l'abdication du dey d'Alger et de la cession de l'Algérie à la France. Ce beau meuble a été donné en vue de sa conservation aux Trappistes de Staouëli.

Introduit à la bibliothèque, on a servi a Sa Majesté une modeste et frugale collation, se composant de beurre frais, rayon de miel, dattes, oranges sanguines, bananes, nèfles du Japon et autres fruits ou produits du monastère. Après avoir goûté légèrement au vin qui lui avait été servi, Sa Majesté, s'étant informé s'il était capiteux, s'est empressée, sur la réponse affirmative de l'hôtelier, d'y mêler quantité d'eau, en demandant ce qu'on dirait d'elle si on la voyait revenir de la Trappe en ayant trop pris. Sa Majesté s'est, du reste, montrée très-satisfaite de la qualité des vins du monastère. Elle a surtout admiré ses oranges et ses amandes, à cause de leur grosseur prodigieuse et vraiment phénoménale. Ici comme ailleurs, et pendant le cours de sa visite, Sa Majesté a été d'une grâce et d'une gaieté parfaites, on pourrait dire, d'une bonté paternelle.

A l'issue de la petite collation, l'Empereur a bien voulu honorer les Pères de sa signature en tête d'un grand registre préparé à cet effet. La signature de Sa Majesté a été contre-signée par le maréchal de Mac-Mahon, duc de Magenta, gouverneur général de l'Algérie.

L'Empereur était accompagné de son grand écuyer, de son premier aide de camp, de son premier secrétaire, de plusieurs autres grands personnages et d'un nombreux état-major.

En parcourant les cloîtres et autres lieux réguliers du monastère, Sa Majesté a lu plusieurs sentences, entre autres celles-ci :

Le plaisir de mourir sans peine
Vaut bien la peine de vivre sans plaisir.

Mieux vaut une nourriture simple dans une maison de paix,
Qu'une table bien servie où règne la discorde.

S'il semble dur de vivre à la Trappe,
Il est bien doux d'y mourir.

Que sert à l'homme de gagner l'univers,
S'il vient à perdre son âme.

Celui qui n'a pas le temps de penser à son salut,
Aura l'éternité pour s'en repentir.

L'Empereur a ensuite parcouru les alentours du monastère. Avant son départ Sa

Majesté a offert son cadeau au monastère en donnant au R. P. abbé une *chapelle*, c'est-à-dire tout ce qui est nécessaire à la célébration du saint sacrifice de la messe. Elle a de plus recommandé de lui envoyer une petite liste des ornements nécessaires, dans la crainte d'en oublier les noms, et aussi afin qu'ils soient conformes aux règlements canoniques des Trappistes.

QUELQUES DÉTAILS

La communauté des Trappistes de Staouëli se compose actuellement de cent vingt religieux, dont trente frères et douze prêtres. Parmi les frères il y a bon nombre d'anciens militaires de différents grades

Les religieux trappistes sont partagés en deux classes : les religieux de chœur et les frères convers.

L'habit des religieux de chœur se compose, pour le temps du travail, été et hiver, d'une robe de gros drap blanc, d'un scapulaire noir, le tout serré par une ceinture de cuir, et le reste du temps, ils ajoutent une tunique à manches larges et pendantes de gros drap blanc comme la robe : cette tunique est surmontée d'un capuchon ou capuce pour couvrir la tête; c'est là proprement dit l'habit monacal, auquel on donne aussi le nom de *coule*.

Les frères convers portent la même robe, mais de grosse étoffe brune, recouverte d'une sorte de grand manteau appelé *chape*. Les frères convers et les religieux de chœur portent une chemise de serge grossière.

Il y a ensuite entre ces deux classes de religieux profès, des novices, des aspirants et des frères donnés ou *familiers*.

Les aspirants sont ceux qui, se sentant

portés à la vie monastique, ont demandé à faire partie des religieux; s'ils persévèrent quelque temps, ils passent au rang des novices et prennent l'habit.

Les novices, partagés en novices de chœur et novices convers, font une annéede noviciat, après laquelle, s'ils persistent dans leur vocation, ils prononcent des vœux définitifs.

A la suite d'observations dont la vie austère de ces bons religieux avait été l'objet, le pape Grégoire XVI ordonna, au mois de mars 1837, qu'à partir de cette époque les Trappistes du royaume de France ne pourraient plus y faire des vœux solennels jusqu'à ce qu'il en fût décidé autrement par le Saint-Siége.

Une pareille décision fut, on le comprendra aisément, très-pénible à ces pauvres religieux, qui se soumirent humblement à la décision du Chef de l'Eglise. A la date du 5 février 1868, sur le rapport favorable qui lui en a été fait par les éminentissimes cardinaux de la congrégation du Saint-Office, Sa Sainteté Pie IX a daigné leur restituer la solennité de leurs vœux, et leur donna, dans le décret émané à ce sujet, leur véritable nom, celui de *Cisterciens réformés, vulgairement appelés Trappistes*, du nom du monastère de la Trappe, où l'illustre abbé de Rancé fit sa célèbre réforme.

Les frères familiers, sans se lier par des vœux et sans s'engager dans la profession religieuse, se donnent à la maison et deviennent membres de la famille; mais ils ne portent pas d'habit.

Les charges principales parmi les Trappistes sont celles d'abbé, de prieur, de sous-prieur, de cellérier, de maître des novices et de portier.

L'office divin, l'œuvre principale des moines, occupe dans la journée six, sept ou même huit heures, selon l'importance de la fête.

Outre l'office canonial, les religieux récitent, chaque jour, en chœur, l'office de la très-sainte Vierge, auquel ils ajoutent encore l'office des morts, aux jours de férie. Ces deux derniers sont simplement psalmodiés.

On dort avec ses habits réguliers sur une paillasse piquée.

Les Trappistes ne mangent jamais ni viande ni œufs ni poissons, si ce n'est en cas de maladie ; à partir du 14 septembre jusqu'à Pâques, ils ne font qu'un seul repas tous les vingt-quatre heures; de Pâques à la Croix de septembre, ils en font deux, le premier à onze heures et demie, et le second à six heures du soir; l'unique repas se prend à deux heures et demie de l'après-midi ; à quatre heures et quart en Carême. Ces repas consistent en une soupe et un plat de légumes cuits au sel et à l'eau. On peut y ajouter un dessert, excepté en certains jours et à certaines époques. La règle accorde de plus aux frères convers, et cela en tout temps, sept onces de pain et un quart de boisson par jour. C'est ce qu'on appelle le *mixte*, en termes monastiques.

Sur les murs du réfectoire on lit les sentences suivantes :

Goûtez les choses d'en haut et non celles de la terre.

Le royaume de Dieu ne consiste pas dans le boire et dans le manger, mais dans la justice, la paix et la joie du Saint Esprit.

Ma nourriture est de faire la volonté de mon Père céleste qui m'a envoyé.

Bienheureux ceux qui ont faim et soif de la justice, parce qu'ils seront rassasiés.

On ne sert jamais aux hôtes qu'un repas frugal, mais très-bon, très-copieux et convenablement assaisonné; le pain y est excellent. La règle défend expressément la viande aux étrangers quels qu'ils soient, à moins cependant que quelque maladie ne l'exige ; alors on en servirait, mais seulement à l'infirmerie, jamais dans le réfectoire des hôtes.

Bien des préjugés pèsent sur l'ordre de la Trappe; il suffit de passer deux jours à un de leurs monastères pour se convaincre de la fausseté de ces préjugés. On a dit et répété bien des fois que les religieux, en se rencontrant, s'adressaient toujours cet avertissement solennel : *Frère, il faut mourir.* Il n'en est rien, le silence étant absolu et continuel à la Trappe. Le supérieur et quelques employés en sont dispensés dans bien des circonstances; une nécessité quelconque est encore un motif suffisant pour obtenir la permission d'échanger quelques paroles. Il y a dans l'ordre un petit dictionnaire de signes, à l'aide desquels les religieux peuvent, sans parler, s'entendre entre eux pour les choses les plus usuelles et se communiquer leurs idées, lorsqu'il y a nécessité de le faire. Il n'est pas besoin d'ailleurs de cet avertissement pour rappeler l'heure de la mort aux religieux : autour d'eux, tout les y prépare et leur en donne la continuelle pensée.

On a dit aussi que chaque trappiste creusait lui-même sa tombe et qu'il y couchait; c'est encore une erreur. Il y a, il est vrai, toujours une tombe ouverte à moitié : souvent les religieux vont la regarder et sans doute la saluent de leurs désirs.

Il n'y a pas d'âge déterminé pour entrer chez les Trappistes. On accueille avec charité les personnes qui se présentent, aussi bien à l'âge de dix-sept ans qu'à l'âge de cinquante ans; on demande surtout de la bonne volonté à suivre la règle. A l'exemple de Jésus-Christ, les Pères Trappistes reçoivent, à la onzième heure comme à la première heure, ceux qui veulent véritablement travailler à la vigne du Seigneur [1].

[1] Pour plus de détails lire : *Une Semaine à la Trappe*, 1 vol. in-12 avec vignette, chez J. LEFORT, *libraire-éditeur*, A LILLE.

MONASTÈRES

DE LA CONGRÉGATION DE LA TRAPPE

L'abbaye de la Trappe, ordre de Citeaux, réformée par l'abbé de Rancé, et transférée à la Val-Sainte en Suisse, au commencement de la Révolution française, par dom Augustin de Lestrange, a donné, par elle-même ou par les maisons qu'elle a fondées depuis cette dernière époque, naissance à quarante-deux monastères, répartis de la manière suivante :

I

Observances qui suit les constitutions primitives de Cîteaux.

Notre-Dame de la Grande Trappe, près Mortagne, au diocèse de Séez, fondée par Rotrou II, comte de Perche, en 1140, de l'ordre de Savigny. Entrée dans l'ordre de Cîteaux, sous la filiation de Clairvaux, en 1148, et réformée en 1662 par dom Armand-Jean le Bouthilier de Rancé, alors abbé commendataire, elle fut restaurée en 1816 par dom Augustin de Lestange. Le révérendissime père dom Timothée, abbé actuel et vicaire-général de l'observance, est le quarante-quatrième depuis la fondation du monastère et le troisième depuis sa restauration. — Ce monastère a une colonie agricole de deux cents enfants.

Notre-Dame de Melleraye, fondée en 1142, dans la Bretagne, au diocèse de Nantes, par Alain de Maidou, pour des religieux de l'abbaye de Pontrond, de la filiation de Cîteaux, fut restaurée en 1816 par dom Antoine de Beauregard, abbé de Lullworth en Angleterre. — Dom Antoine IIIe du nom, quarante-quatrième abbé depuis la fondation, troisième depuis la restauration.

Notre-Dame de Bellefontaine,

de l'ordre de Saint-Benoît, fondée vers l'an 1100, par le prince et la princesse de la Roche-sur-Yon, au diocèse de Maillezais, puis de la Rochelle, aujourd'hui d'Angers, passa dans la congrégation des Feuillants, ordre de Cîteaux, en 1462, avec l'autorisation de dom Tarisse, général de la congrégation de Saint-Maur, et fut restaurée en 1816, par dom Marie-Michel, qui en fut le premier abbé. — Dom Fulgence, quinzième abbé depuis la fondation, deuxième et quatrième depuis la restauration.

Notre-Dame d'Aiguebelle, de l'ordre de Saint-Benoît, congrégation de Cluny, fondée en 1045, par Giraud-Hugues-Adhémar de Monteil, au diocèse de Saint-Paul-Trois-Châteaux, aujourd'hui de Valence, entra dans l'ordre de Cîteaux, sous la filiation de Morimond, en 1134. Elle fut reconstruite en 1137 par les libéralités de Gontard-de-Rochefort, et restaurée en 1815 par dom Etienne. — Dom GABRIEL, cinquante-cinquième abbé depuis la fondation et quatrième depuis la restauration.

Notre-Dame de Bricquebec, au diocèse de Coutances, fondée par l'abbé Onfroy, curé de Disgoville, dans l'arrondissement de Cherbourg. Il en fut élu prieur, puis abbé, sous le nom de dom Augustin. Ce monastère fut uni à la congrégation de la Trappe et sous la filiation de cette abbaye en 1825. — Dom BERNARD en est le deuxième abbé.

Notre-Dame de Mont-Melleray,

près Cappoquin, comté de Waterford, en Irlande, première fille de Melleray, fondée en 1831 par M. Kean. — Dom Bruno, abbé actuel, est le troisième depuis la fondation.

Notre-Dame du Mont-Saint-Bernard, au comté de Leicester (Angleterre), première fille de Mont-Melleray, fondée en 1843 par les libéralités du noble et pieux sir Philips, sous la filiation de Melleray. — Dom Barthelemy, troisième abbé.

Notre-Dame de Thymadeuc, au diocèse de Vannes, de la filiation de la Trappe, fondée en 1842, et érigée en abbaye en 1847. — Dom Cyprien, deuxième abbé.

Notre-Dame de Staouëli, au diocèse d'Alger, première fille d'Aiguebelle, fondée en 1843 par dom François Régis, qui en fut le premier abbé. — Dom AUGUSTIN, abbé actuel, lui a succédé.

Notre-Dame de Gethzémani, près de New-Haven, comté de Nelson, au Kentuchy (Etats-Unis), seconde fille de Melleray, fondée par dom Eutrope, premier abbé, en 1849. — Dom BENOÎT, deuxième abbé.

Notre-Dame de la Nouvelle-Melleray, près Dubuque-Jowa (Etats-Unis), seconde fille de Mont-Melleray, fondée en 1849, a été érigée en abbaye en 1862. — Dom EPHREM, sixième prieur depuis la fondation, la gouverne aujourd'hui en qualité d'abbé.

Notre-Dame de Fontgombaud,

au diocèse de Bourges, de l'ordre de Saint-Benoît, fondée en 1091 par Pierre de l'Etoile, compagnon de Bernard, abbé de Tison, de Robert d'Arbrissel, fondateur de Fontevrault, et de Vidal de Mortriu, fondateur de Savigny. Elle fut relevée par M. l'abbé Lenoir, pour ses religieux venus de Bellefontaine en 1849, et passa sous la juridiction de l'abbé de Melleray en 1850. — Dom DOSITHÉE, vingt-deuxième abbé depuis la fondation et premier depuis la restauration.

Notre-Dame des Neiges, au diocèse de Viviers, deuxième fille d'Aiguebelle, fondée par dom Orsise en 1850. — Le R. P. POLYCARPE, troisieme prieur titulaire.

Notre-Dame du Désert, au diocèse de Toulouse, troisième fille d'Aiguebelle, fondée en 1852 par Mme Guyon, sous le gouvernement de dom Bonaventure. — Dom Etienne, deuxième abbé.

Notre-Dame des Dombes, au diocèse de Belley, quatrième fille d'Aiguebelle, fondée en 1863 par Mgr de Langalerie, évêque de Belley. — Le R. P. Augustin, premier prieur titulaire.

Notre-Dame aux Trois Fontaines ou des Eaux salviennes [1], appelée

[1] Les eaux salviennes sont à proprement parler des eaux stagnantes qui couvrent toute la vallée entre la basilique de Saint-Sébastien et le Tibre. Une église, appelée de Saint-Paul-aux-Trois-Fontaines, parce que, d'après la tradition, la tête de saint Paul, détachée par le glaive du bourreau, fit trois bonds en tombant sur le sol et fit jaillir à chaque bond une fontaine, perpétue le souvenir du martyre. Les fontaines existent encore, l'une à côté de l'autre, et les pélerins boivent de leur eau, à laquelle on a reconnu plusieurs fois des propriétés miraculeuses.

aussi *Abbaye de Saint-Paul aux Trois Fontaines*, dans les environs de Rome (Italie), de la filiation de Notre-Dame de la Grande-Trappe, fondée en février 1868. L'abbé commandataire de cette abbaye, Son Em. le cardinal Milesi-Ferrati, parent du Saint-Père, l'a cédée au R. P. Régis, aujourd'hui procureur de sa congrégation près du Saint-Siége.

Plusieurs religieux ayant succombé au climat fiévreux de Saint-Paul-aux-Trois-Fontaines, Pie IX, dans sa sollicitude paternelle, a donné aux Trappistes, pour l'été, une splendide villa, située au mont Cœlio, non loin des PP. Passionnistes; les bons religieux desserviront l'église de la Navicela, en face de Saint-Etienne-le-Rond.

MONASTÈRES DE RELIGIEUSES

Notre-Dame des Gardes, au diocèse d'Angers sous la filiation de Bellefontaine, fondée en 1819 par la communauté *des Forges*, monastère supprimé. — Le R. M. EUDOXIE, troisième prieure.

Notre-Dame de Vaise, diocèse de Lyon, sous la filiation de la Trappe, fondée en 1817 par les religieuses venues de la Riédra en Suisse, abandonnée en 1834, et repeuplée quelques mois après par une colonie partie de Maubec. — La R. M. PACIFIQUE, troisième prieure.

Notre-Dame de Maubec, diocèse de Valence, sous la filiation d'Aiguebelle, fondée en 1834 par la communauté de Notre-Dame de Vaise. — La R. M. Clémence, troisième prieure.

Notre-Dame de la Cour Pétral, près la Ferté-Vidame, au diocèse de Chartres, sous la filiation de la Trappe, fondée par les religieux du prieuré de Mondaye, en 1845. — La R. M. Isabelle, deuxième prieure.

Notre-Dame de Blagnac, près Toulouse, sous la filiation d'Aiguebelle, fondée en 1852 par une colonie de Maubec. — La R. M. Hildegarde, deuxième prieure.

Notre-Dame d'Espira-de-la-Gly, diocèse de Perpignan, sous la filiation de la Trappe, fondée en 1854 par

Mme Alday. — La R. M. Louise, première prieure.

II

Observance qui suit les constitutions de M. de Rancé.

Notre-Dame de Saint-Lieu-Sept-Fons, au diocèse de Moulins, fondée en 1132, de la filiation de Clairvaux, réformée par dom Eustache de Beaufort en 1463, restaurée en 1845 par les religieux venus de l'abbaye du Gard, monastère supprimé. Le R. P. Stanislas, quarante-deuxième abbé depuis la fondation, deuxième depuis la restauration, et vicaire général actuel de l'observance.

Notre-Dame du Port-du-Salut, fondée en 1815, au diocèse de Laval, par des religieux venus de Darfeld en Belgique. — Dom Joachim, troisième abbé.

Notre-Dame du Mont-des-Olives, fondée en 1048 par la mère du pape Léon IX, pour des chanoines réguliers de Saint-Augustin, au diocèse de Strasbourg : entrée dans l'ordre de Cîteaux et la congrégation de la Trappe en 1825, sous le titre de prieuré, elle a été érigée en abbaye en 1831. — Dom Eprhem, deuxième abbé.

Notre-Dame de la Grâce-Dieu, au diocèse de Besançon, fondée en 1139, de la filiation de Morimond; restaurée en 1845 par la communauté venue de Bellevaux. — Dom Benoit, depuis la fondation trente-neuvième abbé, et premier depuis la restauration.

Notre-Dame du Mont-des-Cats, diocèse de Cambrai, fondée en 1826, par une colonie de l'abbaye du Gard. — Dom Dominique, premier abbé.

Marienwald ou Notre-Dame de la Forêt, de la filiation de Morimond, au diocèse de Cologne, district d'Aix-la-Chapelle, fondée en 1484, reconnue comme prieuré par Alexandre VI, le 23 janvier 1497, restaurée en 1861, par dom Ephrem, abbé du Mont-des-Olives. — Dom Boniface, seizième prieur depuis la fondation, premier depuis la restauration.

Notre-Dame de Merignac, près

Bourganeuf, diocèse de Limoges, fondée en 1861 par dom Stanislas, abbé de Sept-Fons. — Dom Boniface, premier prieur titulaire.

Notre-Dame de Tamié, fondée en 1132, au diocèse de Tarentaise, aujourd'hui de Chambéry, par Amédée comte de Savoie, pour des religieux cisterciens de Bonnevaux, filiation de Citeaux. Saint Pierre de Tarentaise en fut le premier abbé. Ce monastère a été relevé en 1862 par les soins de Son Eminence le cardinal Billiet, archevêque de Chambéry, qui a appelé des religieux de la Grâce-Dieu. — Dom Malachie, premier abbé titulaire.

Notre-Dame d'Espérance, commune d'Echourguai au diocèse de Péirgueux, fondée en 1868, première fille du Port-du-Salut. — Dom Fulgence, premier prieur titulaire.

MONASTÈRES DE RELIGIEUSES

Notre-Dame de Sainte-Catherine, à Laval, fondée en 1816, transférée à Avesnières, près Laval, en 1840, sous la filiation du Port-du-Salut. — La R. M. Agathe, deuxième abbesse.

Notre-Dame de la Miséricorde d'Alemberge, au diocèse de Strasbourg, fondée en 1826 par les religieuses du Darfeld, sous la filiation du Mont-des-Olives. — La R. M. Elisabeth, cinquième abbesse.

Notre-Dame d'Ubexy, au diocèse de Saint-Dié, sous la filiation de Sept-Fons, fondée en 1844 par une colonie envoyée de l'abbaye de Sainte-Catherine. — La R. M. Thaïs, troisième prieure.

III

Observance de Belgique.

Notre-Dame du Sacré-Cœur de Westmalle, fondée une première fois en 1794 par les religieux de la Val-Sainte, abandonnée pendant les guerres de la République et de l'Empire, et définitivement rétablie en 1814; elle fut érigée en abbaye par le pape Grégoire XVI, en 1836. —

Dom Martin, vicaire général du président de l'ordre de Cîteaux pour la congrégation de Belgique, est le deuxième abbé de ce monastère.

Notre-Dame de Saint-Sixte, à Westvleteren, dans la Flandre occidentale, au diocèse de Bruges, doyenné de Poperinghe, fondée en 1831 par l'abbé du Gard, soustraite à la juridiction de ce dernier et placée sous celle de l'abbé de Wesmalle, en 1836, lors de l'érection des monastères de Belgique en congrégation. — Dom Dosithée, deuxième prieur titulaire.

Notre-Dame de la Congrégation de Saint-Benoît, à Achel, dans la province de Limbourg, au diocèse de Liége, fondée primitivement à Meersel, au diocèse de Malines, en 1838, par l'abbaye de Wesmalle, et transférée au lieu actuel en 1846.

Notre-Dame de Saint-Joseph, à Forges-lès-Chimay, au diocèse de Tournai, fondée en 1850.

IV

Monastères n'appartenanf à aucune congrégation et placés sous leurs évêques respectifs.

Notre-Dame de Tracadie, diocèse de la Nouvelle-Ecosse (Amérique septentrionale), fondée par des religieux de la Val-Sainte, envoyés par dom Augustin de Lestrange.

Sainte-Marie de Quebec (Canada), fille de Tracadie.

MONASTÈRES DE RELIGIEUSES

Notre-Dame de Stape-Hill, diocèse de Northampton (Angleterre), fondée en 1801 par la R. M. Augustin (Madame de Chabannes), à la tête d'une partie des religieuses qui revenaient de Russie.

La congrégation des religieuses trappistines de Tracadie, vouées à l'éducation de la jeunesse; elle a pris naissance en même temps que le prieuré de Tracadie.

Ces quarante-deux monastères, tous issus de l'abbaye de la Trappe, ne gardent pas es mêmes réglements. Les différences qui les distinguent, peu importantes en elles-mêmes, les ont fait pourtant grouper en trois congrégations ayant chacune son vicaire général et ses assemblées particulières.

1

Congrégation qui suit les constitutions primitives de Cîteaux.

Le gouvernement de cette congrégation est celui de la *Charte de charité*, composée par saint Etienne et les premiers abbés, approuvée en 1119 par le pape Calixte II. Le titre et les droits de vicaire général sont attachés à l'abbaye de la Grande-Trappe. L'abbé de ce monastère, canoniquement élu, est, par le fait, chef de la congrégation et président du chapitre général. Dans ce système de gouvernement, la Trappe tient la place de Cîteaux.

Les abbés de Melleraye, de Bellefontaine, d'Aiguebelle, de Bricquebec, ont le titre de premiers Pères, et remplacent ainsi les anciens abbés de la Ferté, de Pontigny, de Clairvaux et de Morimond.

Le statut fondamental de l'ordre est gardé en son entier dans la tenue du chapitre général annuel, la visite des monastères, l'élection des abbés et tout ce qui touche à l'administration.

Cette observance suit la règle de saint Benoît. Les heures du lever et du coucher, le travail des mains, les jeûnes, les veilles, la célébration de l'office divin sont en tout conformes au texte du grand législateur des moines, comme l'ont entendu les premiers Pères de Cîteaux.

Les religieux ont ordinairement sept heures de sommeil, quelquefois six, ou même seulement cinq, selon que le lever est à deux heures, à une heure ou à minuit. L'importance de la fête détermine l'heure du lever. Pendant l'été, le repos de la nuit est abrégé d'une, deux ou même trois heures, selon la solennité, mais alors il est remplacé par la sieste prise vers le milieu du jour.

Le travail des mains est de six heures environ en été, et de quatre heures et demie en hiver. On jeûne jusqu'à none depuis le 14 septembre jusqu'au Carême, et jusqu'à vêpres depuis le commencement du Carême jusqu'à Pâques. L'office de none finit à deux heures et demie, et celui de vêpres après quatre heures. Le temps laissé libre pour les lectures est de deux heures environ en été, et de quatre heures en hiver, pour les religieux non prêtres. Les prêtres prennent sur ce temps pour célébrer la sainte messe.

2

Congrégation qui suit les constitutions de M. de Rancé.

Dans cette congrégation, le vicaire général est éligible tous les cinq ans par le chapitre général. Le même chapitre élit aussi deux abbés chargés de visiter le monastère dont le vicaire général est abbé.

On garde, pour le lever et le coucher,

à peu près les mêmes heures que dans l'autre observance; seulement les religieux vont se reposer après matines, quand on s'est levé avant deux heures.

Le travail des mains occupe trois heures en tout temps.

Le repas n'est jamais retardé au-delà de midi et demi, et une légère collation est permise les jours de jeûne.

Le temps consacré aux lectures est plus long que dans l'autre observance.

Les religieux appartenant à ces deux congrégations de la Trappe ont des constitutions particulières approuvées par le Saint-Siége. On suit pour l'heure des repas les constitutions de M. de Rancé. Pour les autres exercices, chaque monastère se conforme aux usages de l'observance à laquelle il appartient.

CONGRÉGATION DE BELGIQUE

Cette congrégation suit les réglements de M. de Rancé, avec de légères modifications. Elle est gouvernée par l'abbé de Westmalle, qui exerce les droits de vicaire général sur les prieurés qui lui sont réunis.

Les quatre maisons qui n'appartiennent à aucune congrégation ont conservé les usages de la Trappe, autant qu'il est possible sans le secours des visites régulières et des chapitres généraux. Les démarches que ces communautés ont faites par l'intermédiaire de leurs évêques respectifs, pour se rattacher à l'une des trois congrégations, prouvent le bon esprit qui les anime et le désir sincère de conserver sans mélange le bienfait de la régularité.

CONCLUSION

Les monastères de la Trappe sont semblables à des ruches remplies d'abeilles industrieuses et diligentes : ce sont de véritables exploitations agricoles; tous les travaux des jardins et des champs s'y exécutent avec intelligence; on y trouve des ouvriers de tout genre, et tous les métiers s'y exercent. Mais ce qui vaut bien mieux que tout cela, il s'y forme des saints qui, pendant qu'ils prient, souffrent et expient sur la terre, apaisent la colère divine, retiennent le bras de Dieu prêt à frapper, et puis s'en vont au ciel pour chanter éternellement les louanges de Celui qu'ils ont servi ici-bas et être auprès de lui les intercesseurs puissants pour leurs frères de ce misérable monde.

Ajoutons que les Trappistes laissent à tous ceux qui ont l'heureuse idée de leur faire une visite, le gracieux et aimable souvenir de l'hospitalité la plus prévenante et la plus cordiale.

FIN

TABLE

— LILLE. TYP. J. LEFORT. MDCCCLXIX —

A LA MÊME LIBRAIRIE

ET CHEZ LES PRINCIPAUX LIBRAIRES

☞ En envoyant le prix en un mandat de la poste ou en timbres-poste, on recevra *franco* à domicile.

Série grand in-8°

à 4 fr. le volume.

Aymar; par Marie Emery.

Fastes (les) militaires de la France; par A. S. de Doncourt.

Itinéraire de Paris à Jérusalem; par Chateaubriand; édition revue par M. de Cadoudal.

Martyrs (les); par Chateaubriand; édition revue par le même.

Récits du foyer; par Mme Bourdon.

Récits d'un bon oncle, sur l'Europe, l'Asie, l'Afrique, l'Amérique et l'Océanie, imités de l'anglais; par Mme de Montanclos; ornés de 25 *vignettes*.

Souvenirs d'histoire et de littérature; par M. Noujoulat.

Une Visite à chacun; par N. E. de l'Etoile.

Série in-8° (de 600 pages environ).

à 4 fr. 50 le volume.

Catéchisme (le) en exemples.

Château (le) de Bois-le-Brun, et Laure de Cernan, suite du *Château de Bois-le-Brun;* par S. Bigot.

Histoire de la vie de N.-S. Jésus-Christ; par le P. de Ligny; suivie d'un précis des Actes des apôtres.

Souvenirs de voyage : la Suisse, le Piémont, Rome, Naples, toute l'Italie; par Mme la comtesse de la Grandville.

Triomphe (le) de l'Evangile; traduit de l'espagnol, par Buynand des Echelles.

1re série in-8° à 2 fr. 50 le volume.

Auvergne (Mgr) : ses voyages au mont Liban, au Sinaï, à Rome, etc.

Château (le) de Bois-le-Brun; par S. Bigot.

Chine (la) et la Cochinchine; par J. J. E. Roy.

Christianisme (le) au Japon; par M. le comte de Lambel.

Constantinople, depuis Constantin jusqu'à nos jours; par M. de Montrond.

Dieu, le Christ, son Eglise, ses Sacrements; par M. l'abbé Petit.

Dorsigny (les), ou Deux Educations; par S. Bigot.

Études et Portraits; par M. Poujoulat.

Fleurs des Martyrs au XIXᵉ siècle; Chine et Cochinchine; par N. S. de Doncourt.

Gerbert, archevêque de Reims, pape sous le nom de Sylvestre II; sa vie et ses écrits; par M. l'abbé Loupot.

Lacordaire (le P.); par M. de Montrond.

Laure de Cernan; par l'auteur du *Château de Bois-le-Brun*.

Musiciens (les) les plus célèbres; par M. de Montrond.

Naples : histoire, monuments, littérature. L. L. F.

Poëtes les plus célèbres : français, italiens, anglais, espagnols.

Prélats (les) les plus illustres de la France; par M. de Montrond.

Saint Ambroise; sa vie et extraits de ses écrits.

Saint Athanase; sa vie et extraits de ses écrits.

Saint Augustin; sa vie et extraits de ses écrits.

Saint Basile; sa vie et extraits de ses écrits.

Saint Bernard; sa vie et extraits de ses écrits.

Saint Cyprien; sa vie et extraits de ses écrits.

Saint Grégoire de Nazianze; sa vie et extraits de ses écrits.

Saint Jean Chrysostôme; sa vie et extraits de ses écrits.

Saint Laurent, diacre et martyr, par M. l'abbé Labosse. 4 *grav.*

Saint Martin, évêque de Tours; par M. de Montroud.

Savants (les) les plus célèbres; par le même.

Sicile (la) : souvenirs, récits et légendes; par M. l'abbé V. Postel.

Syrie (la) en 1860 et 1861 : massacres du Liban et de Damas, et expédition française; par M. l'abbé Jobin.

Variétés littéraires; par M. Poujoulat.

Vendeville (Mgr), évêque de Tournai; par le P. Possoz.

Wiseman (le cardinal) : étude biographique; par de Montrond.

2ᵉ série in-8° à 1 fr. 50 le volume.

Bon (le) Conseiller; avis, maximes, etc.; par l'abbé Petitpoisson.

Conquêtes du Christianisme en Asie, en Afrique, en Amérique et en Océanie, par C. Guénot.

Dom Léo, ou le Pouvoir de l'amitié; par E. S. Drieude.

Edmour et Arthur; par le même.

Épreuves de la piété filiale; par le même.
Ère (l') des Martyrs; par M. l'abbé de Saint-Vincent.
Europe (l') chrétienne; par C. Guénot.
Fleurs des Martyrs au XIXe siècle : Corée; par Y. S. de Doncourt.
Guerre (la) de cent ans, entre la France et l'Angleterre; par A. de la Porte.
Guerre du Mexique, 1861-1867; par M. L. Le Saint.
Histoire de la Tour-d'Auvergne, 1er grenadier de France; par A. Buhot de Kersers.
Histoire des empereurs romains, par Boissart.
Journal de Clotilde; par Mlle S. Wanham.
Lieux (les) saints; par Mgr Maupoint, évêque de Saint-Denis.
Lorenzo, ou l'Empire de la religion; par E. S. Drieude.
Mardis (les) de Marguerite; par Marie Emery.
Martyrs (les) du Japon; par M. de Montrond.
Mendiante (la) de Saint-Eustache; par Mme C. Breton.
Page (le) du comte de Flandre; par M. Barbé.
Rosario, histoire espagnole; par E. S. Drieude.
Sanctuaires (les) les plus célèbres de la sainte Vierge en France; par M. de Gaulle. (Première partie.)
Sanctuaires (les) les plus célèbres de la sainte Vierge en France; par le même. (Deuxième partie.)
Scènes de la vie des animaux; par M. P.
Solitaires (les) d'Isola Doma; par E. S. Drieude.
Une Guerre de famille; par Marie Emery.

3e série in-8° à 1 fr. 25 le volume.

Algérie (l'); promenade historique et topographique; par le Dr F. Quesnoy.
Amicie; par Marie Emery.
Apôtre (l') de la charité : vie de saint Vincent de Paul.
Armand Renty; par J. Aymard.
Bruno, ou la Victoire sur soi-même; par Mme de Gaulle.
Croisé (le) de Tortona; par C. Guénot.
Deux (les) Amis; par S. Bigot.
Devoir et Vertu, ou les Forges de Buzançais.
Dévouement d'une jeune fille; par Mme Beaujard.
Émeraude (l') de Berthe; par M. Ange Vigne.
Enfant) l') de l'hospice; par Marie de Bray.

Ermitage (l') de Saint-Didier; par H. Lebon.
Exemples (les) traçant le chemin de la vertu.
Ferme (la) de Valcomble.
Fernand Delcourt ; par S. Bigot.
Fleurs printanières; par M. de Montrond.
Fourier de Mattaincourt (le Bx); par M. le comte de Lambel.
Frère (le) et la Sœur; par F. Villars.
Germaine Cousin (sainte); par M. de Montrond.
Ile (l') des Naucléas; par Mme Grandsard.
Jeanne d'Arc : récit d'un preux chevalier; par M. de Montrond.
Lequel des deux? par S. Bigot.
Mémoires d'une orpheline; par Marie Emery.
Mes Paillettes d'or; par M. de Montrond.
Nègres (les) de la Louisiane ; par Marie Emery.
Récits héroïques, ou les Soldats martyrs; par Mme Drohojowska.
Récits historiques et dramatiques; par Marie Emery.
Récits tirés du Nouveau Testament, ornés de 16 *vignettes.*
René, ou la Véritable Source du bonheur; par J. Aymard.
Roi (le) de Bourges; par J. P. des Vaulx.
Trois (les) Berthe; par M. P. Jouhanneaud.
Une Maîtresse d'école; par Aymé Cécyl.

4e série in-8° à 1 fr. le volume.

Amanda de Fitz-Owald; par Mlle Brun.
Amis (les) du pauvre; par C. d'Eulnoy.
Amitié, ou Fortune, Intelligence et Force; par Marie Emery.
Bonheur d'une famille chrétienne; par H. Prévault.
Charité (la) en action; par Mme Bourdon.
Croix (la) d'or; par M. Mestivier.
Dangers (les) d'une amitié trompeuse; par Mme de Chabannes.
Daniel Rigollot; le Presbytère, la Ferme et le Château.
Edma, ou le Triomphe de la charité; par Mlle Brun.
Elisabeth et Emilie; par Mme Farrenc.
Famille (la) heureuse; par H. Prévault.
Famille (la) irlandaise, ouvrage imité de l'anglais.
Fortune et Adversité; par M. Brasseur.
Georges, ou le Bon Usage des richesses.
Honneur (l') d'un père; par Marie Emery.

www.ingramcontent.com/pod-product-compliance
Ingram Content Group UK Ltd.
Pitfield, Milton Keynes, MK11 3LW, UK
UKHW012042240726
13965UKWH00003B/976